Hundekekse selber backen

Mary MacPherson

Hunde-Kekse

selber backen

WELTBILD

Titel der Originalausgabe
MacPherson's K-9 Cookbook: easy-to-make dog biscuit recipes
Zuerst veröffentlicht 1997 in Kanada von Sawbuck Ventures Ltd.

Deutsche Erstausgabe

Übertragung ins Deutsche: Helene Weinold-Leipold, Aystetten
Umschlaggestaltung: Uhlig/www.coverdesign.net
Umschlagmotiv: Woodroe Nicholson
Gesamtherstellung: Oldenbourg Taschenbuch GmbH,
Hürderstraße 4, 85551 Kirchheim

ISBN 3-8289-1161-7

Wichtiger Hinweis

Alle Informationen und Hinweise, die in diesem Buch enthalten sind, wurden von der Autorin nach bestem Wissen erarbeitet und von ihr und dem Verlag mit größtmöglicher Sorgfalt überprüft. Unter Berücksichtigung des Produkthaftungsrechts müssen wir allerdings darauf hinweisen, dass inhaltliche Fehler oder Auslassungen nicht völlig auszuschließen sind. Für etwaige fehlerhafte Angaben können Autorin, Verlag und Verlagsmitarbeiter keinerlei Verpflichtung und Haftung übernehmen.

Inhalt

Vorwort

Hundekuchen selber backen – das macht Spaß, spart Geld und fördert die Gesundheit Ihres Hundes. Mit den Formen aus diesem Set gelingen Ihnen garantiert perfekt geformte Häppchen. Außerdem wissen Sie auf diese Weise genau, womit Sie Ihren vierbeinigen Liebling füttern – ohne schädliche Chemikalien, Zusatz- und Konservierungsstoffe. Sie können Zutaten vermeiden, die Ihr Tier aufgrund seines Alters oder gesundheitlicher Probleme wie Diabetes oder Übergewicht nicht verträgt. Und nicht zuletzt sparen Sie viel Geld für industriell hergestellten Hundekuchen, indem Sie für ein paar Cent pro Stück Leckereien verfüttern, die Ihr Hund lieben wird. Die Rezepte in diesem Buch sollen Sie auf Ideen bringen und zu eigenen Experimenten ermutigen. Wandeln Sie die Rezepte ab, indem Sie Zutaten hinzufügen, die Ihr Hund besonders schätzt, und besuchen Sie Hundefreunde nie ohne ein Päckchen mit einigen Ihrer Spezial-Hundekuchen. Oder noch besser: Verschenken Sie dieses Set, wenn Sie bei Hundebesitzern eingeladen sind.

Mary

Mein Name ist MacDuff. Als einjähriger Bedlington-Terrier bin ich offizieller Vorkoster aller Rezeptvorschläge in diesem Buch. Ich lebe mit meiner zwölfjährigen Großtante Mickey – ebenfalls Bedlington-Terrier – zusammen. Sie hat mich beim Vorkosten unterstützt, aber ich bin heikler und musste deshalb die meisten Kostproben testen. (Mickey ist ein bisschen mollig. Ich glaube, Frauchen gibt ihr nur Fidos Low-Fat-Kekse und die vegetarischen Leckerbissen, obwohl Mickey sich während des Backens direkt vor dem Herd breit macht. Ich gehe selbstverständlich nach draußen und halte mich diskret abseits, bis ich gerufen werde …)

Sicher wollen Sie wissen, welche Sorte Kekse ich am liebsten mag. Tut mir Leid: Ich mag sie alle! Aber einen persönlichen Tipp kann ich Ihnen geben. Sie werden feststellen, dass ein Rezept nach mir benannt ist: MacDuffs Erdnussbutter-Festtagshäppchen. Frauchen bäckt sie uns als besondere Leckerei zu Weihnachten, weil sie weiß, dass wir Erdnussbutter lieben und sie sonst nicht kriegen.

An Tagen, an denen mir mein Trockenfutter nicht so recht schmeckt, munden mir Rinderknochen nach Rancherart. Ich brauche einfach viel Eiweiß, um über den Gartenzaun zu springen und Nachbars Kühe

zusammenzutreiben. (Und Sie dachten sicher, nur Schäferhunde hätten das Zeug zum Hüten!)
Die Flohfrei-Plätzchen haben den ganzen Sommer über die kleinen Blutsauger von mir fern gehalten. Wirklich schade, dass Frauchen noch keine Anti-Zecken-Plätzchen erfunden hat. Mickey und ich hatten diesen Sommer mehrere blutige Begegnungen …
Meine Zähne sind dank der Zahnputzkekse so weiß wie am Tag meiner Geburt. Als kleine Belohnung für jeden Tag sind die Blitz-Plätzchen einfach unschlagbar und ich weiß genau, dass meine Cousine Maggie und mein Cousin Condor die Sonntags-Snacks lieben, die wir ihnen zu Weihnachten schicken. (Wenn Mickey oder ich Geburtstag haben, sticht Frauchen die Sonntags-Snacks eigens mit der größten Form aus!)
Habe ich schon erwähnt, was für eine fabelhafte Köchin mein Frauchen ist? Die Gourmethäppchen aus der Küchenmaschine lässt sie sich sogar zusammen mit uns Vierbeinern schmecken!

MacDuff

Backtipps

Zutaten

Alle Zutaten für die Rezepte in diesem Buch erhalten Sie im Lebensmittelgeschäft, im Supermarkt oder im Reformhaus. Verwenden Sie stets frische Nahrungsmittel. Damit alles perfekt gelingt, sollten die Zutaten bei Arbeitsbeginn Raumtemperatur haben, wenn nicht anders angegeben.

Hefe richtig verarbeiten

Bei drei Rezepten wird Trockenhefe verarbeitet. Sie wird portionsweise (jeweils ca. 2 Teelöffel, ausreichend für 500 g Mehl) im Lebensmittelhandel angeboten. Wagen Sie sich ruhig an das Backen mit Hefe! Es ist ganz einfach. Um optimale Ergebnisse zu erzielen, sollte die Hefe in 38 bis 46 °C warmem Wasser aufgelöst werden. Trockenhefe hält sich nicht ewig, deshalb sollten Sie immer nur die jeweils gerade benötigte Menge kaufen.

Teig kneten

Das Kneten durchmischt alle Zutaten des Teiges gründlich und macht ihn weich und elastisch. Kneten Sie den Teig auf einer sauberen, bemehlten Arbeitsfläche. Bestäuben Sie auch den Teig und Ihre Hände mit Mehl. Mit den Handballen schieben Sie den Teig schwungvoll von sich weg. Klappen Sie die Teigplatte zur Hälfte zusammen, indem Sie die von Ihnen entferntere Seite mit den Fingerspitzen zu sich herziehen. Drehen Sie den Teig um 90 ° und wiederholen Sie den ganzen Vorgang. Mit der Zeit werden Sie einen eigenen Knetrhythmus entwickeln und die Knetbewegung mit dem ganzen Körper – nicht nur mit den Armen – unterstützen.

Teig ausrollen

Viele Menschen rollen den Teig zu dünn aus, vielleicht weil sie das von Plätzchen- und Pizzateig so gewohnt sind. Achten Sie darauf, dass der Teig mindestens 6 bis 12 mm dick ist, weil das Hundegebäck sonst dünn und bröckelig gerät. Arbeitsfläche und Nudelholz müssen ständig gut bemehlt sein.

Die Ausstechförmchen

Die Ausstechförmchen zu diesem Buch wurden speziell für den Hundekuchen-Teig entwickelt und bestehen aus robustem, lebensmittelechtem Kunststoff. Die besten Ergebnisse erzielen Sie, wenn Sie immer nur ein Gebäckstück auf einmal ausstechen und fern von der bemehlten Arbeitsfläche zum Ausrollen aufs Blech legen, bevor Sie das nächste Stück ausstechen. Auf diese Weise klebt der Teig nicht so leicht am Teigroller. Reinigen Sie außerdem die Kanten des Förmchens nach jedem Ausstechen gut. Die Förmchen sind spülmaschinengeeignet.

Hinweise zur Aufbewahrung

Die Gebäckstücke müssen vollständig ausgekühlt sein, bevor sie in Dosen verpackt werden. Zur Aufbewahrung bei Zimmertemperatur eignet sich eine Keksdose aus Weißblech oder ein anderes Glas- oder Keramikgefäß mit nicht völlig dicht schließendem Deckel am besten. Sie können Ihr Hundegebäck aber auch in einem Karton oder einer nicht fest verschlossenen Plastiktüte lagern. Richtig aufbewahrt (siehe Hinweise bei jedem Rezept), halten sich die Hundekekse mindestens drei Wochen lang. Sie können aber auch gekühlt oder eingefroren werden. Weil Ihre ganz persönlichen Haustier-Häppchen aber keine Konservierungsstoffe enthalten, sollten sie vor dem Verfüttern auf möglichen Schimmelbefall hin kontrolliert werden.

Die Rezepte

Die Angabe, wie viele Kekse ein Rezept ergibt, bezieht sich immer auf die kleinste Ausstechform. Die Küchenwaage können Sie für diese Rezepte im Schrank lassen. Ein Messbecher mit Milliliter-Einteilung genügt, um alle Zutaten abzumessen.

Abkürzungen

°C	Grad Celsius
EL	Esslöffel
l	Liter
ml	Milliliter
mm	Millimeter
TL	Teelöffel

Blitz-Plätzchen

Preiswert und schnell zubereitet. Ein appetitlich hellbrauner Keks.

Zutaten für ca. 50 Stück:

750 ml Weizenvollkornmehl
75 ml weiche Butter oder Margarine
125 ml Magermilchpulver
1/4 TL Knoblauchpulver
175 ml zimmerwarmes Wasser
1 Ei

1. Mehl in eine große Rührschüssel geben. Butter oder Margarine in kleinen Stückchen hinzufügen, alles gut miteinander vermischen und beiseite stellen.
2. In einer kleineren Schüssel Magermilch- und Knoblauchpulver in dem Wasser auflösen und das verquirlte Ei einrühren.
3. In die Mischung aus Mehl und Fett eine Mulde eindrücke und die Milch-Ei-Mischung nach und nach einrühren, bis alles gut vermischt ist.
4. Den Teig auf einer bemehlten Arbeitsfläche 3 bis 4 Minuten lang durchkneten, bis er eine homogene, leicht formbare Masse bildet.
5. Den Teig etwa 1 cm dick ausrollen.
6. Mit der kleinen Ausstechform Plätzchen ausstechen und auf ein leicht gefettetes Backblech legen.
7. Die Plätzchen etwa 50 Minuten bei 160 °C im Backofen backen.

8. Nach dem Backen die Plätzchen auf einem Rost auskühlen und erhärten lassen. Bei Raumtemperatur in einer Dose mit nicht allzu dicht schließendem Deckel aufbewahren.

Mikrowellenbissen

Leicht zu verarbeitender Teig. Durch das Garen im Mikrowellengerät entstehen verhältnismäßig weiche Bissen – bestens geeignet für ältere Hunde mit Zahnlücken oder Kauproblemen.

Zutaten für ca. 50 Stück:

2 Würfel Hühnerbrühe
250 ml kochendes Wasser
500 ml Vollkornmehl
125 ml Maisgrieß, mittelfein
375 ml Magermilchpulver
250 ml Instant-Haferflocken
125 ml Pflanzenöl
2 Eier

1. Die Brühwürfel in einem Messbecher in kochendem Wasser auflösen und auf Raumtemperatur abkühlen lassen.
2. Die trockenen Zutaten in einer großen Rührschüssel miteinander mischen.
3. In die Mehlmischung eine Grube eindrücken. In diese Mulde nach und nach Öl, verquirlte Eier und Brühe geben und alles unterrühren, bis sich eine homogene Masse bildet.
4. Teig auf einer bemehlten Arbeitsfläche 4 bis 5 Minuten lang kneten, bis sich alle Zutaten gründlich miteinander verbunden haben und der Teig sich gut verarbeiten lässt.
5. Anschließend den Teig 6 bis 12 mm dick ausrollen.
6. Mit dem Ausstechförmchen Kekse ausstechen und auf

einer mikrowellengeeigneten Unterlage ins Mikrowellengerät stellen.

7. Die Gebäckstücke 5 Minuten bei mittlerer Leistung im Mikrowellengerät garen, anschließend wenden und noch einmal 2 bis 5 Minuten garen.

8. Mikrowellenbissen auf einem Rost auskühlen lassen und in fest verschlossenen Plastiktüten im Kühlschrank aufbewahren.

Gourmethäppchen aus der Küchenmaschine

Um diese herrlich mürben, goldbraunen Häppchen werden Sie Ihren Hund beneiden!

Zutaten für ca. 50 Stück:

50 ml Wasser
2 Eier
500 ml Weizenmehl, Type 405
325 ml pikanter Cheddar-Käse, gerieben
3 Knoblauchzehen, fein gehackt
125 ml Pflanzenöl

1. Wasser und Eier in einer kleinen Schüssel miteinander verquirlen und beiseite stellen.
2. In die Küchenmaschine das Messer einsetzen, Mehl, Käse, Knoblauch und Öl in die Rührschüssel der Maschine geben und ca. 5 Sekunden mixen. Die Mischung sollte grobkörnig wirken.
3. Bei laufender Maschine die Eiermischung langsam einträufeln, bis der Teig eine Kugel bildet.
4. Den Teig in 2 Kugeln aufteilen, damit er leichter zu verarbeiten ist.
5. Jede Kugel etwa 3 Minuten auf einer bemehlten Arbeitsfläche durchkneten.
6. Den Teig etwa 6 mm stark ausrollen.
7. Mit dem Ausstechförmchen Kekse ausstechen und auf ein mit Backpapier bedecktes Blech legen.

8. Die Kekse 15 Minuten bei 200 °C im Backofen backen. Blech aus dem Ofen nehmen und jeden Keks vorsichtig wenden. Anschließend weitere 10 Minuten backen.
9. Das Gebäck auf einem Rost auskühlen lassen und bei Raumtemperatur in einem Gefäß mit nicht absolut dicht schließendem Deckel aufbewahren.

Snacks aus dem Brotbackautomaten

(für einen Automaten mit 1500 g Fassungsvermögen)

Aus dem herrlich elastischen Teig, der leicht zu verarbeiten ist, entstehen dunkle, golden gebräunte Kekse, deren Konsistenz zwischen weich und hart liegt.

Zutaten für ca. 40 Stück:

1 Würfel Gemüsebrühe
175 ml kochendes Wasser
1 Ei
3 EL (45 ml) Pflanzenöl
250 ml Weizenmehl, Type 405
250 ml Weizenvollkornmehl
75 ml Bulgur
75 ml Weizenkeime
75 ml Weizenkleie
50 ml Magermilchpulver
1 TL (5 ml) Knoblauchpulver
1 1/2 TL Trockenhefe

1. Den Brühwürfel in einem Messbecher in kochendem Wasser auflösen und auf Raumtemperatur abkühlen lassen.
2. Alle Zutaten in der angegebenen Reihenfolge in die Backform des Brotbackautomaten füllen. Falls bei Ihrer Küchenmaschine gemäß Gebrauchsanweisung zuerst die trockenen und anschließend die flüssigen Zutaten eingefüllt werden sollen, gehen Sie in umgekehrter Reihenfolge vor.

3. Programm „Teig“ wählen (gegebenenfalls die entsprechende Einstellung an Ihrem Gerät) und Starttaste drücken.
4. Bevor das Programm für die erste Aufgehphase beginnt, Teig aus dem Automaten nehmen und auf eine bemehlte Arbeitsfläche legen.
5. Teig auf 6 mm Stärke ausrollen.
6. Mit dem Ausstechförmchen Kekse ausstechen und auf ein leicht gefettetes Backblech legen.
7. Die Teigrohlinge auf dem Blech mit einem sauberen Geschirrtuch abdecken und 30 Minuten an einem warmen Ort aufgehen lassen.
8. Die Kekse 30 Minuten bei 160 °C backen.
9. Das Gebäck auf einem Rost abkühlen lassen und bei Raumtemperatur in einem Gefäß mit nicht völlig dicht schließendem Deckel aufbewahren.

Zahnputzkekse

Diese Kekse sind sehr hart und knusprig. Dadurch tragen sie dazu bei, Zahnbeläge bei Ihrem Hund zu entfernen.

Zutaten für ca. 70 Stück:

175 ml Magermilchpulver
125 ml Maisgrieß, mittelfein
50 ml Bulgur
550 ml Weizenvollkornmehl
1 Würfel Hühnerbrühe
375 ml kochendes Wasser
250 ml Instant-Haferflocken
1 Ei, verquirlt

1. Milchpulver, Maisgrieß, Bulgur und Vollkornmehl in einer Schüssel mischen und beiseite stellen.
2. Den Brühwürfel in einer großen Rührschüssel in dem kochenden Wasser auflösen. Die Haferflocken hinzufügen und das Ganze ca. 5 Minuten durchziehen lassen. Das verquirlte Ei unterrühren.
3. Die trockenen Zutaten nach und nach einrühren, bis alles gut vermischt ist. Die letzten Tassen der Mehlmischung mit den Händen untermischen.
4. Den Teig in 2 Kugeln aufteilen, um ihn leichter verarbeiten zu können.
5. Jede Kugel ca. 5 Minuten auf einer bemehlten Arbeitsfläche durchkneten.

6. Den Teig 6 bis 12 mm dick ausrollen.
7. Mit der Ausstechform Kekse ausstechen und auf ein mit Backpapier bedecktes Blech legen.
8. Die Kekse ca. 50 Minuten bei 160 °C im Backofen backen.
9. Nach Ende der Backzeit den Ofen ausschalten und die Kekse über mehrere Stunden (am besten über Nacht) im Ofen auskühlen lassen.
10. Die fertigen Kekse bei Raumtemperatur in einem Gefäß mit lose sitzendem Deckel aufbewahren.

Flohfrei-Plätzchen

Dieser Teig ist besonders leicht zu verarbeiten und ergibt hübsche, dunkle Kekse. Die darin enthaltene Bierhefe hilft, Flöhe zu vertreiben.

Zutaten für ca. 100 Stück:

2 Würfel Rinderbrühe
425 ml kochendes Wasser
375 ml Weizenmehl, Type 405
375 ml Weizenvollkornmehl
250 ml Roggenmehl
250 ml Instant-Haferflocken
250 ml Maisgrieß, mittelfein
50 ml Bierhefeflocken
2 EL (30 ml) Knoblauchpulver
125 ml Pflanzenöl
1 Ei, verquirlt

1. Den Brühwürfel in einem Messbecher mit 500 ml Inhalt in kochendem Wasser auflösen und auf Raumtemperatur abkühlen lassen.
2. Die trockenen Zutaten in einer großen Rührschüssel mischen.
3. In die Mehlmischung eine Mulde eindrücken. Nach und nach Öl, verquirltes Ei und Brühe hineingeben und unterrühren, bis alles gut vermischt ist.
4. Den Teig in 2 Kugeln teilen, damit er sich leichter verarbeiten lässt.

5. Jede Teigkugel ca. 3 bis 4 Minuten auf einer bemehlten Arbeitsfläche durchkneten.

6. Den Teig auf 6 bis 12 mm Stärke ausrollen.

7. Mit der Ausstechform die Plätzchen ausstechen und auf ein mit Backpapier bedecktes Blech legen.

8. Die Plätzchen bei 150 °C ca. 1 1/2 Stunden backen.

9. Das fertige Gebäck auf einem Rost auskühlen lassen und bei Raumtemperatur in einem Gefäß mit locker sitzendem Deckel aufbewahren.

Rinderknochen nach Rancherart

Dunkle, kräftig-knackige Hundekuchen mit leckerem Fleischgeschmack.

Zutaten für ca. 80 Stück:

500 g mageres Rinderhackfleisch
2 Eier
750 ml Weizenmehl, Type 405
250 ml Instant-Haferflocken
250 ml Wasser

1. Rinderhackfleisch und Eier in einem Mixer oder in einer Küchenmaschine gründlich durchmengen und beiseite stellen.
2. In einer großen Rührschüssel Mehl und Haferflocken mischen. Die Fleischmischung nach und nach mit den Händen einarbeiten, bis alles gut vermengt ist.
3. Wasser hinzufügen und unterrühren, sodass ein klebriger Teig entsteht.
4. Den Teig in 2 Kugeln teilen, damit er sich leichter verarbeiten lässt.
5. Jede Teigkugel etwa 2 Minuten auf einer bemehlten Arbeitsfläche durchkneten und bei Bedarf Mehl hinzufügen, bis der Teig nicht mehr klebt.
6. Den Teig auf 6 bis 12 mm Stärke ausrollen.
7. Mit der Ausstechform Knochen ausstechen und auf ein leicht gefettetes Backblech legen.
8. Die Kekse bei 180 °C ca. 1 Stunde backen.

9. Das fertige Gebäck auf einem Rost auskühlen lassen und bei Raumtemperatur in einem Gefäß mit nicht absolut dicht schließendem Deckel lagern.

Mickeys Kornkekse

Ein angenehm elastischer Teig für dunkle, wohl geformte, knusprige Kekse.

Zutaten für ca. 120 Stück:

1 Päckchen Trockenhefe
1 Prise Zucker
50 ml lauwarmes Wasser
2 Würfel Hühnerbrühe
125 ml Magermilchpulver
550 ml kochendes Wasser
1 Ei, verquirlt
50 ml Honig
50 ml Pflanzenöl
500 ml Weizenmehl, Type 405
1 l Weizenvollkornmehl
250 ml Weizenkeime
250 ml Maisgrieß, mittelfein
500 ml Bulgur

1. Trockenhefe und Zucker in einer kleinen Schüssel in warmem Wasser auflösen.
2. Die beiden Brühwürfel und das Milchpulver in einer kleinen Rührschüssel in kochendem Wasser auflösen und auf Zimmertemperatur abkühlen lassen. Dann das verquirlte Ei, den Honig und das Öl unterrühren.
3. Beide Mehlsorten, Weizenkeime, Maisgrieß und Bulgur in einer großen Rührschüssel mischen.

4. Die aufgelöste Hefe in die Brühe-Milch-Mischung einrühren.
5. In die Mehlmischung eine Mulde eindrücken, die Brühe nach und nach hineingeben und gut unterrühren, bis eine homogene Masse entsteht.
6. Den Teig in 2 Kugeln teilen, damit er sich leichter verarbeiten lässt.
7. Jede Teigkugel etwa 4 bis 5 Minuten auf einer bemehlten Arbeitsfläche durchkneten; bei Bedarf Mehl hinzufügen, bis der Teig nicht mehr klebt.
8. Den Teig auf 12 mm Stärke ausrollen.
9. Mit der Ausstechform Kekse ausstechen und auf ein leicht gefettetes Backblech legen.
10. Das Blech mit einem sauberen Geschirrtuch abdecken und für 20 Minuten an einen warmen Platz stellen, damit die Teigrohlinge aufgehen können.
11. Die Kekse bei 180 °C ca. 20 Minuten backen. Dann das Blech aus dem Ofen nehmen, alle Kekse vorsichtig wenden und weitere 25 Minuten backen.
12. Das fertige Gebäck auf einem Rost auskühlen lassen und bei Raumtemperatur in einem Gefäß mit nicht absolut dicht schließendem Deckel lagern.

Bellos goldener Käsetraum

Ein herrlich elastischer Teig für golden gesprenkelte, weiche Leckerbissen.

Zutaten für ca. 60 Stück:

750 ml Weizenvollkornmehl
2 TL Knoblauchpulver
125 ml Pflanzenöl
250 ml Reibkäse
1 Ei
250 ml Milch

1. Mehl und Knoblauchpulver in einer großen Rührschüssel mischen.
2. Eine Mulde in das Mehl eindrücken. Nach und nach Öl, Käse, Ei und Milch unterrühren, bis eine homogene Masse entsteht.
3. Den Teig etwa 3 bis 4 Minuten auf einer bemehlten Arbeitsfläche durchkneten.
4. Den Teig auf 12 mm Stärke ausrollen.
5. Mit der Ausstechform Knochen ausstechen und auf ein leicht gefettetes Backblech legen.
6. Die Kekse bei 200 °C ca. 25 Minuten backen.
7. Das fertige Gebäck auf einem Rost auskühlen lassen und bei Raumtemperatur in einem Gefäß mit nicht absolut dicht schließendem Deckel lagern.

Raudis Reiseproviant

Goldbraune, knusprige Kekse mit köstlich nussigem Geschmack.

Zutaten für ca. 40 Stück:

500 ml Weizenvollkornmehl
125 ml Weizenmehl, Type 405
50 ml Maisgrieß, mittelfein
125 ml Sonnenblumenkerne ohne Schale
3 Eier
50 ml Milch
2 EL weiche Butter oder Margarine
50 ml Melasse (alternativ Rübensirup)

1. Die beiden Weizenmehlsorten, Maisgrieß und Sonnenblumenkerne in einer großen Rührschüssel mischen und beiseite stellen.
2. Eier und Milch in einer kleinen Schüssel verquirlen. 1 Esslöffel dieser Eiermischung zum Glasieren in einem separaten Schüsselchen zurückbehalten.
3. In die Mehl-Kerne-Mischung eine Mulde eindrücken. Nach und nach das weiche Fett, die Melasse und die Ei-Milch-Mischung einrühren, bis eine homogene Masse entsteht.
4. Den Teig in 2 Kugeln teilen, damit er sich leichter verarbeiten lässt.
5. Jede Teigkugel etwa 2 bis 3 Minuten auf einer bemehlten Arbeitsfläche kneten, bis der Teig nicht mehr klebt.
6. Den Teig auf 6 bis 12 mm Stärke ausrollen.

7. Mit dem Ausstechförmchen Kekse ausstechen und auf ein mit Backpapier bedecktes Backblech legen.
8. Die Teigrohlinge mit der zurückbehaltenen Ei-Milch-Mischung bepinseln.
9. Die Kekse bei 180 °C ca. 30 Minuten backen.
10. Den Backofen ausschalten und die Kekse einige Stunden lang oder über Nacht im Ofen auskühlen lassen.
11. Das Gebäck bei Zimmertemperatur in einem Gefäß mit nicht absolut dicht schließendem Deckel aufbewahren.

Waldis Weichkekse

Ideal für Hunde mit Zahnlücken oder Kauproblemen.

Zutaten für ca. 140 Stück:

1 Päckchen Trockenhefe
1 Prise Zucker
50 ml lauwarmes Wasser
2 Würfel Hühnerbrühe
1 l kochendes Wasser
875 ml Weizenmehl, Type 405
375 ml Weizenvollkornmehl
375 ml Roggenmehl
250 ml Maisgrieß, fein
125 ml Magermilchpulver

Für die Glasur:
1 Ei
2 EL Milch

1. Trockenhefe und Zucker in einer kleinen Schüssel in lauwarmem Wasser auflösen.
2. Die Brühwürfel in einer mittelgroßen Schüssel in kochendem Wasser auflösen und auf Zimmertemperatur abkühlen lassen.
3. Die verschiedenen Mehlsorten, den Maisgrieß und das Milchpulver in einer großen Rührschüssel mischen.
4. Die Hefelösung unter die Brühe rühren.
5. In die Mehlmischung eine Mulde eindrücken. Die Brühmi-

schung nach und nach unterrühren, bis eine homogene Masse entsteht.

6. Den Teig in 2 Kugeln teilen, damit er sich leichter verarbeiten lässt.

7. Jede Teigkugel etwa 1 Minute auf einer bemehlten Arbeitsfläche durchkneten.

8. Den Teig auf 6 bis 12 mm Stärke ausrollen.

9. Mit dem Ausstechförmchen Kekse ausstechen und auf ein mit Backpapier bedecktes Backblech legen.

10. Ei und Milch für die Glasur in einer kleinen Schüssel verquirlen.

11. Die Teigrohlinge mit der Eiermischung bepinseln.

12. Die Kekse bei 150 °C ca. 25 Minuten backen. Dann das Blech aus dem Ofen nehmen, alle Kekse vorsichtig wenden und noch einmal 25 Minuten backen.

13. Das Gebäck auf einem Rost auskühlen lassen und in dicht verschlossenen Plastikbeuteln im Kühlschrank aufbewahren.

14. Wenn die Kekse bei längerer Lagerung hart werden, jeden Keks für 5 bis 10 Sekunden bei höchster Leistung ins Mikrowellengerät legen. Vor dem Verfüttern auf Zimmertemperatur abkühlen lassen.

Aromahäppchen

Helle, feste und sehr aromatische Kekse, die Hundegaumen und -nasen gleichermaßen erfreuen.

Zutaten für ca. 50 Stück:

625 ml Weizenvollkornmehl
125 ml Magermilchpulver
1 EL brauner Zucker
2 TL Knoblauchpulver
50 ml Butter oder Margarine
1 Ei
155 ml Eiswasser

1. Mehl, Milchpulver, Zucker und Knoblauchpulver auf ein Backbrett häufen.
2. Butter oder Margarine in Stücken auf die Mehlmischung geben und etwas Mehl darüber verteilen. Mit einem großen Messer die Mischung so lange durchhacken, bis Fett und Mehl feinkrümelig vermischt sind.
3. In diese Mischung eine Mulde eindrücken, Ei und Eiswasser nach und nach einrühren und schließlich das Ganze mit den Händen zu einer Kugel formen.
4. Den Teig in 2 Kugeln teilen, damit er sich leichter verarbei ten lässt.
5. Jede Teigkugel auf einer bemehlten Arbeitsfläche etwa 2 Minuten durchkneten.
6. Den Teig auf 6 bis 12 mm Stärke ausrollen.
7. Mit dem Ausstechförmchen Kekse ausstechen und vor-

sichtig auf ein mit Backpapier bedecktes Backblech legen.
8. Die Kekse bei 180 °C 30 Minuten backen.
9. Das Gebäck auf einem Rost abkühlen lassen und bei Zimmertemperatur in einem Gefäß mit nicht völlig dicht schließendem Deckel aufbewahren.

Regenbogenplätzchen

Leicht zu verarbeitender Teig für feste, hübsch gesprenkelte Kekse.

Zutaten für ca. 55 Stück:

250 ml Erbsen und Möhren aus der Dose, abgetropft
625 ml Weizenvollkornmehl
125 ml Magermilchpulver
1 TL Knoblauchpulver
6 EL (90 ml) Pflanzenöl
1 Ei, verquirlt
125 ml Eiswasser

1. Erbsen und Möhren mit dem Pürierstab des Handrührgeräts oder im Mixer pürieren und beiseite stellen.
2. Mehl, Milch- und Knoblauchpulver in einer großen Rührschüssel mischen.
3. In diese Mehlmischung eine Mulde eindrücken. Dorthinein nach und nach das pürierte Gemüse, das Öl, das verquirlte Ei und das Eiswasser geben und alles zu einer homogenen Masse verarbeiten.
4. Den Teig in 2 Kugeln teilen, damit er sich leichter verarbeiten lässt.
5. Jede Kugel ca. 2 Minuten auf einer bemehlten Arbeitsfläche durchkneten.
6. Den Teig auf 6 bis 12 mm Stärke ausrollen.
7. Mit dem Ausstechförmchen Kekse ausstechen und auf ein mit Backpapier bedecktes Backblech legen.

8. Die Kekse bei 180 °C 15 Minuten backen. Dann das Blech aus dem Ofen nehmen, alle Kekse vorsichtig wenden und weitere 25 Minuten backen.
9. Das Gebäck auf einem Rost abkühlen lassen und bei Zimmertemperatur in einem Gefäß mit nicht völlig dicht schließendem Deckel aufbewahren.

Fidos Low-Fat-Kekse

Ein fester Teig für appetitlich braune, knusprige Häppchen.

Zutaten für ca. 50 Stück:

500 ml Weizenvollkornmehl
125 ml Weizenmehl, Type 405
50 ml Maisgrieß, mittelfein
50 ml Instant-Haferflocken
1 1/2 TL Knoblauchpulver
2 EL (30 ml) Pflanzenöl
2 Eiweiß
50 ml Melasse (alternativ Rübensirup)
50 ml Magermilch
2 EL (30 ml) kaltes Wasser

1. Beide Mehlsorten, Maisgrieß, Haferflocken und Knoblauchpulver in einer großen Rührschüssel mischen.
2. Öl, Eiweiß, Melasse, Milch und Wasser in einer kleinen Schüssel verrühren.
3. In die Mehlmischung eine Mulde eindrücken. Die Eiermischung nach und nach hineinträufeln und alles zu einer homogenen Masse verrühren.
4. Den Teig in 2 Kugeln teilen, damit er sich leichter verarbeiten lässt.
5. Jede Teigkugel ca. 2 Minuten auf einer bemehlten Arbeitsfläche durchkneten.
6. Den Teig auf 12 mm Stärke ausrollen.

7. Mit dem Ausstechförmchen Kekse ausstechen und auf ein mit Backpapier bedecktes Backblech legen.
8. Die Kekse 30 Minuten bei 180 °C backen. Dann den Ofen ausschalten und die Kekse 1 Stunde im Ofen aushärten lassen.
9. Das Gebäck auf einem Rost auskühlen lassen und bei Raumtemperatur in einem Gefäß mit nicht völlig dicht schließendem Deckel aufbewahren.

Vegetarische Leckerbissen

Schön geformte, knusprige und zart gebräunte Kekse.

Zutaten für ca. 95 Stück:

250 ml Instant-Haferflocken
50 ml weiche Butter oder Margarine
375 ml heißes Wasser
1 EL Butter
2 Knoblauchzehen, durchgepresst
125 ml Magermilchpulver
1 Ei, verquirlt
250 ml Maisgrieß, mittelfein
250 ml Weizenkeime
625 ml Weizenvollkornmehl
125 ml Roggenmehl

Zum Bepinseln:
2 EL (30 ml) Milch

1. Haferflocken, weiches Fett und heißes Wasser in einer großen Rührschüssel mischen und 5 Minuten stehen lassen.
2. In einem Pfännchen 1 Esslöffel Butter zerlassen und den durchgepressten Knoblauch kurz darin schwenken.
3. Den Knoblauch, das Milchpulver und das verquirlte Ei zur Haferflockenmischung geben und alles gut miteinander vermengen.
4. Maisgrieß, Weizenkeime, Weizen- und Roggenmehl in einer Schüssel mischen.

5. Diese Mehlmischung esslöffelweise zu den Haferflocken geben und einarbeiten, bis eine homogene Masse entsteht.
6. Den Teig 3 bis 4 Minuten auf einer bemehlten Arbeitsfläche durchkneten.
7. Anschließend den Teig auf 12 mm Stärke ausrollen.
8. Mit einem Ausstechförmchen Kekse ausstechen und auf ein mit Backpapier belegtes Backblech legen.
9. Jeden Teigrohling leicht mit Milch einpinseln.
10. Die Kekse bei 150 °C ca. 1 Stunde backen.
11. Den Backofen ausschalten und die Kekse im Backrohr auskühlen lassen.
12. Das fertige Gebäck bei Raumtemperatur in einem Gefäß mit nicht völlig dicht schließendem Deckel lagern.

MacDuffs Erdnussbutter-Festtagshäppchen

Der Teig erfordert ein wenig Erfahrung, doch die perfekt geformten, goldbraunen Hundekuchen lohnen die Mühe.

Zutaten für ca. 55 Stück:

375 ml Weizenvollkornmehl
125 ml Weizenmehl, Type 405
1 EL Backpulver
250 ml Erdnussbutter
(mit oder ohne Erdnuss-Stückchen)
175 ml Milch

1. Beide Mehlsorten und das Backpulver in einer großen Rührschüssel mischen.
2. In einer kleinen Schüssel die Erdnussbutter mit der Milch glatt rühren.
3. In die Mehlmischung eine Mulde eindrücken und die Erdnussbuttermilch nach und nach einrühren, bis alles gut vermengt ist.
4. Den Teig mit den Händen zu 2 geschmeidigen Kugeln formen. Die Wärme der Hände trägt dazu bei, dass sich der Teig leichter verarbeiten lässt.
5. Jede Kugel ca. 2 Minuten auf einer bemehlten Arbeitsfläche durchkneten.
6. Den Teig auf 6 bis 12 mm Stärke ausrollen.
7. Mit einem Ausstechförmchen Kekse ausstechen und auf ein mit Backpapier bedecktes Backblech legen.

8. Die Kekse 15 Minuten bei 200 °C backen.
9. Das fertige Gebäck auf einem Rost auskühlen lassen und in dicht verschlossenen Plastikbeuteln im Kühlschrank aufbewahren.

Sonntags-Snacks

Der Teig ist in der Verarbeitung ziemlich fest, ergibt aber dunkle, goldbraune Hundekuchen wie aus dem Bilderbuch. Backen Sie gleich ein paar mehr davon, denn sie sind begehrte Mitbringsel!

Zutaten für ca. 140 Stück:

1 Päckchen Trockenhefe
1 Prise Zucker
50 ml lauwarmes Wasser
2 Würfel Rinderbrühe
500 ml kochendes Wasser
50 ml Milch
95 ml Honig
1 Ei, verquirlt
50 ml Pflanzenöl
625 ml Weizenmehl, Type 405
750 ml Weizenvollkornmehl
250 ml Maisgrieß, mittelfein
250 ml Weizenkeime
500 ml Bulgur
175 ml Weizenkleie
175 ml Instant-Haferflocken
175 ml Cheddar-Käse, gerieben

Für die Glasur:
1/2 Würfel Rinderbrühe
1 Prise Knoblauchpulver
50 ml kochendes Wasser
1 EL Pflanzenöl

1. In einer kleinen Schüssel Trockenhefe und Zucker in lauwarmem Wasser auflösen und beiseite stellen.
2. Die Brühwürfel in einer kleinen Rührschüssel in kochen-

dem Wasser auflösen und auf Zimmertemperatur abkühlen lassen. Anschließend die Milch, den Honig, das verquirlte Ei und das Pflanzenöl einrühren.

3. Mehl, Maisgrieß, Weizenkeime, Bulgur, Weizenkleie, Haferflocken und Käse in einer großen Rührschüssel mischen.
4. Die Hefelösung in die Brühe einrühren.
5. In die Mehlmischung eine Mulde eindrücken und die Flüssigkeit nach und nach einrühren, bis alles gut vermengt ist.
6. Den Teig in 3 Kugeln teilen, damit er sich leichter verarbeiten lässt.
7. Jede Teigkugel 3 bis 4 Minuten auf einer bemehlten Arbeitsfläche durchkneten.
8. Den Teig auf 12 mm Stärke ausrollen.
9. Mit einem Ausstechförmchen Kekse ausstechen und auf ein leicht gefettetes Backblech legen.
10. Die Teigrohlinge mit einem sauberen Geschirrhandtuch bedecken und an einem warmen Ort ca. 30 Minuten aufgehen lassen.
11. Die Kekse 20 Minuten bei 180 °C backen. Dann das Blech aus dem Ofen nehmen, alle Kekse vorsichtig wenden und weitere 25 Minuten backen.
12. In einem Rührbecher den halben Brühwürfel und das Knoblauchpulver in kochendem Wasser auflösen und das Öl einrühren.
13. Die Oberseite der Hundekuchen mit der Mischung aus Brühe und Öl bepinseln.
14. Den Backofen ausschalten und das Blech mit den Hundekuchen zurück ins Backrohr schieben. Die Hundekuchen im Ofen auskühlen lassen.

15. Das fertige Gebäck bei Zimmertemperatur in einem Gefäß mit nicht völlig dicht schließendem Deckel aufbewahren.